AF445094

Poemario 2020

Poemario 2020

Poemas y Versos Libres

Digna Martín Díaz

(Nay)

ALEXANDRIA LIBRARY PUBLISHING HOUSE
MIAMI

Poemario 2020
Poemas Versos libres

ISBN: 9798666826362

Edición y maquetación de interiores y portada: Vilma Cebrian
www.alexlib.com

Ilustración de portada: Digna M Díaz (Nay)

Notas preliminares

Disfruto de la prosa a la que he dedicado largas horas, al igual que a la pintura. He incursionado en la poesía como nueva vía pictórico literaria que puede diseñar sensaciones que profundizan los pensamientos de manera diferente.

El espíritu contenido en la poesía es la expresión de sentimientos variados, el amor, el olvido, la naturaleza, las realidades cotidianas.

Reconocemos en estos poemas el espíritu sencillo de unas ideas, plasmadas en la publicación, de lo que se guarda en la imaginación y se proyecta mediante versos.

Invito a los lectores a conectarse con la autora en sus expresiones imaginativas en sus tiempos de asueto, donde echa a volar la imaginación.

No hay medidas para la realidad y la fantasía. No hay límite cuando un espíritu libre quiere volar, cuando enfrenta una constante evolución social y no quiere sentirse atrapada. Así soy.

Claridad

Siento saltar mi pupila
al sol primaveral,
vengo de recoger ensueños
en la tierra y en la mar.

Volverán las alas tiernas
a la altura de la cruz,
para convertir el cielo
en torrente de haz y luz.

Sin desafiar el destino,
vuelvo a encontrar el color,
al destruir las tinieblas
y tornar la luz del sol.

El silencio

Descubro la voz del silencio
de aquellos momentos de paz
al soñar en valles lejanos,
donde espero volver a empezar.

No es fácil hallar el silencio
si se vive en mentira y dolor,
triste se añora el pasado,
al rodearse de ruido y temor.

El silencio así me acompaña
apacible escucho su voz,
desde galaxias perdidas,
donde me hablan de amor.

Silencio es soñar el pasado,
es la voz del alma en transición,
es un beso nunca respondido,
el deseo reprimido de los dos.

Digna M. Díaz (Nay)

Alas al viento

Es hora de despertar,
emprender un nuevo vuelo,
alcanzar tierras lejanas
en el corazón y el cielo.

No importa si repetimos
errores y desengaños
al final es nuestro sino
surcar caminos extraños.

En alas del infinito,
en el aire la mirada,
esperando cada día
aquella ilusión amada.

En la noche

Cuando en la noche despierto
añorando tus ojos soñadores,
aparecen algunos sinsabores
y sufro por aquel pasado incierto.

Fueron tus besos falsos y traidores,
simulando el amor que no sentiste,
despertaron en mí, nuevos albores
al descubrir al fin cuanto mentiste.

Te aborrezco en tinieblas y en la sombra
rechazo tu recuerdo y tu existencia,
volverás por el mundo cual alondra
distante, lejos, sin clemencia.

Digna M. Díaz (Nay)

Hoy

Hoy me ha tocado la luna
para que sepa que existo,
desde el día que te fuiste
no tengo alegría alguna.

La luna me cuenta historias
logrando hacerme feliz,
nunca por un desliz
dejará rodar la noria.

El tiempo vuela y se extiende
por los caminos andando,
siempre por ti añorando
aquel amor que me diste.

Las burbujas de la Gloria
y lo amoroso que fuiste
así marcaron mi suerte
entre tristeza y euforia.

Adiós eterno

Por qué no puedo tocarte
solo en mis sueños estás
sonriente y disipada
tranquila al estar en paz.

Partiste un día tranquila
a la vera del Señor,
ha pasado mucho tiempo,
¡qué triste desolación!

Vuela tu estrella viajera
cantando como un zorzal,
como suspiro de hojas
y murmullos de azahar.

Te abrazo, te abrigo y siento
como el brillo del cristal.

Digna M. Díaz (Nay)

Nuevo día

Deslumbrado caminaba,
alto al cielo la mirada,
pensamiento de alegría
circundaba el alma mía.

Animas cruzan senderos,
renacerá un nuevo día
mientras un fuego volvía
renovando derroteros.

Cascadas de ríos ciegos
animan los sinsabores,
sus aguas son como riegos
en la noche y los albores.

El campo

Pájaros con sus cantos,
música majestuosa,
de violines fantasiosos
esparcen luz y frescura.

Se oyen sonidos extraños
de bandas en las mañanas,
semejando ayes perdidos
en la campiña serrana.

Cocuyos fosforescentes
en resplandores sumidos,
de sueños en la comarca
ocultos en la sabana.

Andando por esos prados
aves, serpientes, orugas,
entrelazados al campo,
por parlanchinas criaturas.

Disfrutamos esos cantos
en lobreguez y armonía,
absortos en las canciones
de la campiña perdida

Digna M. Díaz (Nay)

Busco

El corazón florece en la vida una vez
vi tu imagen marcada en la espuma del mar.

Volveré con el viento buscando tu figura,
alcanzaré la confianza con mi ferviente fe.

Tu imagen aparece cuando la luz del día
haga el milagro de verte,
y sentiré tu halo, oh Jesús Salvador!

Insensible

Fuiste roca insensible
que pasó por la vida
sin amores ni amigos,
ni quereres ni ruido.

Pasan horas enteras
en un silencio inerte,
pasan sueños tangibles
que ya nunca verás.

Porque el tiempo está en llamas
la razón se te ha ido,
y tú sigues la suerte
de algún eco perdido.

Digna M. Díaz (Nay)

Volver

En la lejana tierra añorada
donde florecen nardos encendidos,
arrullan aves en la primavera
y el sol despierta los sentidos.

Déjame volver, oh! alma mía
volando en las tinieblas, ya vencida,
con la luz de un nuevo día
y el despertar de la pasión que espera.

En un rayo de luz

Vivo en las tinieblas
de un rayo de luz atrapado.
Se apagan las flores
que desprenden olor,
agonizo en las sombras
por temor a la vida.
Me siento culpable
por sentir este amor.

Digna M. Díaz (Nay)

Una canción

Quise hacer una canción
con los recuerdos de antes,
para expresarle a mi amado
con panderetas sonantes.

Sus amores y sus besos
llenaron mi suerte un día,
esquivando sinsabores
de la triste vida mía.

Me sobraban intensiones
entre capullos de rosas,
despojando margaritas
entre música armoniosa.

Hilos de Luna

Hilos de luna
rozaban mis manos,
y con llanto en mis ojos
te anhelaba profano.

Embrujada por tus besos
de aquel minute de amor
que entibiara con destellos
de rayos de luz y sol.

Quiero recordarte siempre
como luz crepuscular
recorriendo sin tristeza
mi larga historia al pasar.

Digna M. Díaz (Nay)

Alas

Me acompañan ilusiones
aunque volemos sin alas
no dudes que alcanzaremos
pasiones.

¿Vienes conmigo, armonía?
no lejos están mis lágrimas
pasaremos aleteando
como águilas.

Alcanzaremos la luna
con las ansias infinitas,
de ese amor verdadero,
sin fortuna.

Eres una rosa

Eres una rosa en el camino
que despierta perfume y fulgor,
aspecto que embruja como el vino
y renueva el deseo y el amor.

Entrelaza la pasión dormida
abrazo eterno con el corazón,
toda la naturaleza unida
entrecruzada con la ilusión.

Reluce radiante la alborada
mil colores y aromas ya verán,
al esperar la visión amada.

Los senderos y arroyos estarán,
buscando la verdad acrisolada
que perdida en la vida hallarán.

Digna M. Díaz (Nay)

Hastío

Cuando pasen los astros
con el halo encendido,
se alzará el humo blanco
por caminos perdidos.

El gran árbol del parque
refugiará mi vida,
la lluvia ya no moja,
el sol tampoco brilla,
la rutina no alcanza
para volver al nido.

Seguiré hasta el futuro
por cansancio y descuido.

Corazones perdidos

No eres mi luz ni mi vida
tampoco el cielo turquí,
pero si mi alma hablara
lo haría solo para ti.

Del paraíso perdido
nunca regresaré,
aunque la angustia me llame
germinará la pasión,

Que esquiva, siembra distancia,
con fragilidad de amor
de corazones perdidos,
desbaratando el dolor.

   Digna M. Díaz (Nay)

El tiempo

Me abrí a la vida en los campos,
escribí mi historia en la luz
de árboles verdes, ríos tranquilos,
el tiempo libre, sin una cruz.

Recuerdos llegan, vuelan, se van,
se mueven, vibran al decir adiós.
Estruendosa suena la melancolía
tristeza invade todo mi ser.

Muero despierto al nacer el día,
llega el estigma de la vejez,
en ella anidan todas las penas
si es que las dejas morar en ti.

La estatua

De piedra soy, siempre lo fui
mi vida ha sido un frenesí.
Me hicieron duro, fuerte marqué
la vida entera donde llegué.

Por eso todos ven al pasar
un rostro seco, sin despertar.
En la otra vida todo sufrí
no siempre añoro lo que sentí.

Amé en silencio, morí de amor
mas todos veneran, solo el valor.

Digna M. Díaz (Nay)

Reflejos

Erase la víspera del día
cuando fugaz nació una estrella,
cual viajero que regresa del pasado
iluminado con la luz aquella.

El arroyo silencioso murmulla
y las hojas inmóviles divisan
el reflejo de amor y de la brisa,
mientras el alma, el corazón arrulla.

Cantar

Cada mañana canto renovada
de esperanza para ser mejor,
camino sin caminos a la nada,
desnuda el alma al amor.

Volveré cortando veredas
cantos alegres serán,
se escuchan en la alborada
y abren el corazón
donde se puedan hallar
arcoíris de colores
y castillos de cristal.

Digna M. Díaz (Nay)

Pasará

Me besa una estrella
hasta salir el sol,
me alienta la brisa,
disfruto el frescor.

Pasa el tiempo apacible
alejando el pesar,
alcanzo lo imposible
hasta el sueño esperado lograr.

El regalo

Hoy temprano en la mañana,
se apareció un lucero
con sus luces perfumadas
como brilla el mes de enero.

Tu rostro brinda sonrisas
que producen alegría
tus ojos son dos luceros
que alegran el alma mía.

Te regalo mi esperanza,
mi ilusión y mi delirio
yo soy tu amor, el de siempre,
que brilla y da luz cual cirio.

Digna M. Díaz (Nay)

Nunca

No es lo que piensas, es
una manada volando,
como rendida a mis pies
llegarás a mí llorando.

No quiero vivir sin ti
mas no estoy desesperando,
desde siempre solo fui
un espejismo rodando.

De las montañas tomé
la total supervivencia;
pero nunca yo podré
someterme a tu inclemencia.

Cuando vuelvas, no estaré,
aunque me mires de cerca
porque a ti yo volveré,
solo si vuelvo a estar muerta.

El payaso

Salta el payaso en constante alegría,
grita de júbilo por la cercanía
de un público animado que le admira,
sin saber que ese ruido le da vida.

Alegría alrededor, todo respira
por constante alboroto respaldado,
nadie sabe si llora o suspira
nada vislumbra penas a su lado.

Un corazón ceñido en la tristeza,
un alma que sangra cuando ríe
mientras feliz a la vida da belleza
reflejo de estoicismo y apatía.

Digna M. Díaz (Nay)

Hermosa

Hermosa, de ver seductor,
aguarda un futuro rosa
con su mirar tentador,
voluble cual mariposa.

Esperas ilusionada
un futuro muy feliz,
si sigues enamorada,
nunca tendrás un desliz.

Desearás un alma pura
con toda su integridad,
esperando siempre alegre
como una flor, tu bondad.

Primavera

Es primavera hoy
vislumbrando desde aquí,
mares y ríos convergen
lejos al horizonte
en alegría salobre
por un encuentro feliz.

Es primavera cuando
con rayos multicolores
veo las aves volar,
aparecen en la espuma
aleteando como estrellas
con deseos de brillar.

Es primavera, veo
extasiada de amor
de esperanza el alma llena,
porque un día volverás,
a través de tantos sueños
vestida de verde mar.

Digna M. Díaz (Nay)

Deja brillar la luz

Deja que corra el ciervo herido
por la espada del malvado cazador,
deshaciendo la creación enardecida
por la ambición.

Deja la luz brillar esplendorosa,
que refleja la aurora renacida,
no mires desdeñosa y persistente
el color del río seductor.

Porque vive el fuego de la vida
y no duerme la esperanza redimida
que suspira por amor.

En la distancia

Por las laderas del río
donde triste caminaba,
llegó una luz al pecho mío;
un hecho que me animaba.

En tinieblas te vi en la distancia,
silueta viril de un guerrero,
como un presagio agorero
visión admirada que avanza.

Era realidad lo que buscaba,
sin embargo etéreo te encontré
y en el aire algo flotaba
cuando extasiada, tu cuerpo abracé.

Digna M. Díaz (Nay)

Alcanzar

He dejado mi vida en el camino.
Tantas veces la suerte ha sido esquiva
que el viento entre las hojas es un trino,
surcando las arenas como sino.

Si alguna vez así pierdo el destino
de anhelos la esperanza fugitiva.
¿Acaso se detenga el peregrino
 si extraña que la luz del sol reciba?

Sembraré yo las sombras sin desvelo
hasta alcanzar las nieves de la vida
y mostrar mi legado sin recelo.

Refuerzo la esperanza convencida
nunca tormentas pasan sin revuelo,
logrando por fin ser comprendida.

Esperando sanar

Miramos a todos lados
y seguimos aguardando,
cada día una esperanza
y otro día un sobresalto.

Los amigos nos recuerdan
en su largo deambular
los números preocupan tanto
pues son vidas al azar.

Vemos tantas cifras altas
de vidas que ya no están,
que cada día superan
los temores, y al pensar
en la fe que nos sostiene,
volvemos a recordar
que hay un poder en el cielo
que guía a la humanidad.

Al pasar los sinsabores
la vida florecerá,
veremos la luz brillante
y eterna Felicidad.

Digna M. Díaz (Nay)

Sombra

Sueño con mi sombra perdida
en el alba y en la serranía,
escondida, no encontré mi vida
aunque aún la busco todavía.

Al verla en un rincón asida
con ilusión que brilla cada día,
nunca el alma quedará rendida
por cansancio de la dicha mía.

Me asusta no verme transparente
a través de los sueños escondida
vislumbrando el pasado y el presente.

Reconozco ya ella está perdida
y debo vivir sola, ausente,
sin ilusión hasta la otra vida.

Nada

Nada queda igual que antes,
la brisa no alegra igual,
murmullos de aves son sombras
que reflejan mi soñar.

Adiós en sueños te dije,
el cielo oscuro y sombrío
se abría a tu caminar.
Confidencias y suspiros
acompañan mi soledad.

Este mundo es muy pequeño
porque tu alma ya se fue,
me quedé sola sin luz
en medio de oscuridad

Digna M. Díaz (Nay)

El piano

La velocidad de las manos parecía
tocar dos pianos a la vez,
notas graves y agudas expelía,
desde aquí las pudimos vislumbrar.

El sonido feroz del teclado,
un trueno hace brotar,
añora el alma, sensación divina
el color y las luces al saltar…

Cuando se oye el llanto vivo
que manos suaves hacen sonar,
a través del piano de fino teclado
que vibra sutil, y apacible tal vez,
en silencios tristes encuentro la vida
y en ella descubro agradable solaz.

Vagar

Al vagar caminos perdidos
en tiempos de oscuridad,
vislumbrarán claridades
en el cielo y en el mar.

Digna M. Díaz (Nay)

Amores

El cielo se ve azulado
la noche esperanza es
cuando las almas se juntan,
el mundo brilla, la vida surge…
no hay soledad.

Luna

Clara luna de abolengo
y raíces de su tierra
iluminan las estrellas
el sol y la propia sierra.
Luna viajera de gran resplandor,
la tierra circundas
buscando calor.

¿Por qué siempre sola
esperando el amor?

Digna M. Díaz (Nay)

Vuelve

Camino de la esperanza
aguardando ver tu luz
que eterna guió mi vida
sin pesar, sin una cruz.

Volvieron los años idos
todo fue felicidad
disfruto y todo lo vivo,
en la clara realidad.

Sola

Te rezo en la noche
¡oh! astro de esplendor
a tí mi reproche
por perder mi amor.

Me dejaste sola,
lloro mi dolor.
Estaré esperando
siempre su calor.

Digna M. Díaz (Nay)

Tormento

Ráfagas circundan
al amanecer
de violeta tornan
mi ansia y mi ser.

Volveremos juntos
de nuevo a nacer
porque la tormenta
ha de desaparecer.

Caminos

Atravieso veredas
sin nunca llegar
perfuman las flores,
de un bello jardín.
Crecen los niños
sin saber por qué.

Digna M. Díaz (Nay)

Así espero

Volverá un tiempo apacible
de belleza y hermandad
recordando lo imposible…
y dejarlo todo atrás.

Deseo

Deseo escuchar tu voz
revivir mi corazón
alcanzar el infinito
sin temor.

Digna M. Díaz (Nay)

Las penas

Se mueren las penas,
se aleja el dolor
si la vida es serena,
con amor.

Duda

No fue verdad,
no fue mentira,
fue una maldad
de la otra vida.

Digna M. Díaz (Nay)

No, por favor

No te marches por favor
estoy de rodillas rogando,
no permitas que te olvide
porque yo te sigo amando.

Lucero en la noche

Astro que en la noche
brilla su esplendor,
inmortal alcanza la euforia.

Magnífico repuntar
que nos impulsa a la gloria
y acerca a la eternidad.

Voy

Del mundo vengo,
vuelvo a la mar.
No quiero triunfos
tan solo amar.

Tú

Eres eterna,
eres virtual
busco en mi adentro ese ideal.

Parece un sueño
que nunca viví,
parece extraño, la vida es así.

Aprende

No vengas con llanto,
ni juegos de azar,
espero paciente
a un puerto llegar.
Tú, mientras tanto,
aprenderás a amar

Otro amor

Desde el día que te fuiste
no sé cómo ni por qué,
soledades y tristezas
me circundan por doquier.

Pero el tiempo todo cura,
y no volviste jamás,
otros amores llegaron,
pero el tuyo nunca más.

Digna M. Díaz (Nay)

Volver

Nunca jamás volveré
a tu vera,
te lo puedo asegurar
soy sincera.

Lucharás la vida entera
con afán,
ni súplicas ni amenazas
te valdrán.

El ruido

Disfruto el ruido del silencio
en lontananza y en la cercanía
aparecen las márgenes del tiempo
a solas , sin tu compañía.

Hallaré consuelo a mis amores
al grito de un pasivo día,
tus manos besarán mis manos
en eterno silencio, sin ruido,
como el primer día.

Alegría

Llegaste con tu risa y tu alegría
como un copo de nieve
sutil que reverbera.
Alegre despertar de las pasiones
de un alma en primavera.

Proeza

Proezas se oyen de antaño,
es el tiempo en su seguir
mientras resurgen las almas
que enfrentan la realidad.

Llama cien veces la muerte
con manto de soledad,
la noche en mayor espanto
tiende muros al pasar.

Digna M. Díaz (Nay)

Libertad

Cual tormento silencioso
de esperanza y agonía
espero en la patria mía,
no escuchar más un sollozo.

Anhelo su libertad
añorando cada día
verle libre, así sería
la vida sin soledad.

Volver mis ojos al cielo
vislumbrar tiempos mejores
acariciando la vida,
la imaginación al vuelo.

El corazón en un vilo
Ilumina los albores,
mientras se sana la herida
en todos los corazones.

Tormenta

Cuando pase la tormenta
y vuelva la vida otra vez
vendrán alegres mañanas,
seremos libres, tal vez.

Valoraremos silencios,
resplandecerá la verdad
de los risueños albores:
nueva esperanza en la Cruz.

Las nieves serán benditas,
los fuegos renacerán,
el alma clara se impone,
en el futuro, la luz.

Digna M. Díaz (Nay)

Gloria eterna

Levanta el cuerpo, anima el alma
piensa que existe la eternidad,
sin una pena, dolor, tristeza,
otrora el tiempo no fue mejor.

Abrazo eterno con tus amores
sentirás clara la realidad
flores y aroma será tu vida,
aire y pureza allí hallarás.

Sigue apacible la Gloria eterna
mientras encuentras la libertad,
con ardiente anhelo alcanzaremos
eterna y dulce felicidad.

Tambores

Resuenan tras las montañas,
rayos sagrados rompen su luz,
carruajes de oro surcan los aires
presagiando que llega la libertad.

Montes revueltos cubren arenas,
mieles amargas destruyen la paz,
alienta el viento y las estrellas
agitadas persiguen la noche voraz.

Furiosa brisa golpea el fanal,
sigue su ruta sin volver atrás
sacude la marcha que guía al final,
abrumadora saga de truenos verás.

Digna M. Díaz (Nay)

Dos corazones

Al volar por esos mundos
muchas almas conocí,
pintaré, un adiós profundo
al final del frenesí.

Encontraré algún día
amor, libertad, razón,
veré mi sueño logrado
en un solo abrazo: unión.

Navegaré sin senderos,
por los caminos perdidos
por una tierra yo vivo,
y por la otra tierra, muero.

Cómo no podría ser
si una me dio la vida
y la otra su querer.

Atesoro lo que he hecho
guiado por el arcano,
con siete estrellas al pecho,
y una estrella en la mano.

Índice